김동호
@notkdx

언제나 제 궤도에 오르길 바라준
어머니, 대부님, 친구들에게
이 책을 바칩니다.

물빛편지

초판 1쇄 발행 2022년 4월 1일

지은이 김동호
펴낸이 장현수
펴낸곳 메이킹북스
출판등록 제 2019-000010호

디자인 이설
편집 이설
교정 강인영
마케팅 정지윤

주소 서울특별시 구로구 경인로 661, 핀포인트타워 912-914호
전화 02-2135-5086
팩스 02-2135-5087
이메일 making_books@naver.com
홈페이지 www.makingbooks.co.kr

ISBN 979-11-6791-138-4(03810)
값 12,800원

ⓒ 김동호 2022 Printed in Korea

잘못된 책은 구입하신 곳에서 바꾸어 드립니다.
이 책의 전부 또는 일부 내용을 재사용하려면 사전에 저작권자와 펴낸곳의 동의를 받아야 합니다.

홈페이지 바로가기

메이킹북스는 저자님의 소중한 투고 원고를 기다립니다.
출간에 대한 관심이 있으신 분은 making_books@naver.com으로 보내 주세요.

김 동 호 시 집

游泳

물 빛 편 지

메이킹북스

1장

이정표	8
화분	10
자유공원	12
연어	14
Hug :	16
커피	17
걸레	18
입식	19
강, 그리고 봄	20
물병자리	22
미숫가루	24
파도	26
I wonder how we could be one	28
자국의 이유	30
갈대밭	32
읽을 수 없는 글	34
정전	36

2장

42	봄의 끝에서
44	불꽃놀이
45	잠긴 꿈
46	소년에게
48	달
52	집시
54	n월 n일의 아침
58	떨어져 나가다
60	생일, 아픈 날
62	헤엄치는 법
64	갯바위
66	간이역 둘
68	귀가
72	장마
76	입춘
77	제야의 종

추신

80	Find me

1장

이정표

부수고 나서야
되돌아갈 수 있음을 알았다

되돌아가고 나서야
시작점은 없었음을 알았다

머물러도, 헤매도 좋을
나는 광야를 살고 있었다

화분

화분 안 봉오리로 남겨 놓은
내 이름 꽃 한 글자를 내려놓고
그 앞에 강이며 산과 들
밖을 흐릿하게 덧붙였다 지워 본다

아직 내 머리 위의 조명은 태양이 아니었고
아직 내 잎 위의 물방울은 이슬이 아니었으며
아직 내 발밑의 흙은 땅이 아닌 곳
그리고 아직 그 안에서
내 몸 한번 흔들어 본 적 없었던 까닭이다

언젠가 저 풍경 어딘가
화분 밖을 향하여 꿈틀거린
내 뿌리마저 뽑힐 만치 바람 부는 곳에 놓인다면
그 위에서 생애 처음 흩어지듯 나부낄 수 있다면
잔뜩 웅크린 봉오리로는 남지 않으리라

모든 계절 속을 싸워 낼 듯이
머금고 피고 지고 떨어질 것이다
그렇게 덧붙인 꽃이 될 것이다

자유공원

이 세상 가장 분주한 도시 틈에
별을 쫓는 투쟁 속 놓인 사람들 한가운데
길이 지워져 숲일지도 모를 공원
입구 앞 팻말에 매달린 글귀를

이곳에서 멈추셔도 좋습니다
시간만 흐르도록 두었으니까요

내 멋대로 소리쳤다

연어

누군가의 내리막을 올라본 적이 있는가
그것은 분명
계단을 딛는 것과는 다른 느낌이었다

길의 가장 가장자리엔
외로이 하루를 채우려 하는 내가 있었고
나를 그대로 둔 채 스치는 이들은
저무는 해를 등 뒤로 놓고
하루를 비워 내겠다며 속삭였다

하지만 나에게
석양은 저무는 것이 아니라
타오르고 있는 것인데

오르는 일은 거스르는 일일까
의심하고 불안하고 희미하지만
그 하나로 족하려고 한다

오르는 일은 거스르는 일이다

Hug :

1. 누군가 홀로 품어 왔을 매캐한 잿불 더미를
조용히, 천천히 품으로 마주 덮어
마침내 연기가 사그라질 때까지 지속하는 행위 혹은 말

동의어 : 눈을 감고서 눈을 맞추고 있음을 알다

커피

무거운 것이 싫다고 해서
물과 얼음 섞어 주었다

본디 얼마나 쓰고 진했던가
잔 건네는 나만 알 뿐이다

들이켠 사람은 분명 너인데
왜 내가 잠 못 이루는지

걸레

내 몸이 구정물을 품었기에
네 눈가를 닦지 못하는 것을 안다

허나 내가 품은 구정물에
네가 떨군 눈물이 섞인 것도 안다

입식

우리는 앉은 채로 사랑을 한다
제 옆자리가 비었다며
앉으라, 채워주라

앉은 채로 사랑하지 말자
앉는다는 것은
잠시 머무르다 떠나는 것이니

일어나자
내 자리를 버리는 것은
공허한 옆자리 또한 버리는 것이다

그렇게 늘 비어 있을 자리를 모두 버리고
우리 오롯이 자신으로 사랑하자

강, 그리고 봄

너를 앞에 두고 강가를 따라 걷는다
오늘은 뒷모습이 보고 싶었다

너의 머리칼 뒤로 봄의 정오는 지지 않고 머물렀다
벚꽃 몇 장이 섞인 적당한 미온의 바람
품에 안은 돗자리와 김밥의 바스락거리는 소리
그 사이로 총총 소리를 낼 것만 같은 걸음 하나

정오의 궤도와 같은 선 위로 걷는
그 모습을 찬찬히 눈에 담을 때,
너는 어느새 한 손 가득 그러모은 벚꽃을
휙, 하고 흩뿌리며 폴짝대었다

그 아름답고 느린 재생 속

온 세상의 강은 더 이상 흐르지 않음을 알았다

강은 이 봄날 가운데 하나뿐이었다

보아라

모든 봄의 꽃잎이

오로지 저 소녀 위에서만 흐르고 있지 않은가

물병자리

밖으로부터 부어진 물은
넘치게 채워도 몸을 쓰러뜨리진 못한다

천천히 안에서부터 솟은 물이
수면을 타 올리고
주둥이를 넘실거릴 때
기운 몸이 그제야 쏟아져 별자리가 된다

물은 아래를 향하여 흐르고
그곳에 우리 지나온 길들이 있다

그 길 위로 다시 돌려보낸다
채워 올렸던 모든 것을 쏟아 내어
발밑 짚었던 온 땅이 마침내 물빛이게끔

미숫가루

알아서 챙겨 먹을게요
네 끼니 안 거르고 잘 먹고 있어요

전화 속의 나는 퍽이나 어른스러웠다
나이를 먹었다는 티라도 내는 마냥 무심하게
절반쯤의 후회가 섞인 전화를 끊고 나서야
문득 허기가 진다는 것을 느꼈다

낮에 도착한 택배 박스를 열어 본다
신문지로 둘둘 말아 보낸 큼직한 플라스틱 병
빨간 뚜껑 위에 낯익은 글씨체로
'미수가루'라고 적어 놓으셨다

괜스레 소리를 내어 웃으면서 컵을 들었다
두 숟갈 넣고 우유 타 먹어
전화를 끊기 전 그렇게 말하셨던 것이 생각났다

너 어렸을 때 이거 좋아했는데 기억나니

어릴 적 타 주셨던 건 미숫가루였다
그 따뜻한 웃음을 단숨에 마셔 넘기곤 했다

어느샌가 컵을 입에 가져다 대고 있었다
한 모금, 두 모금을 마시고
잠시 멈추었다

잘 먹네 내 새끼

들이켤수록 목이 메는 까닭은
이것이 아마 미수가루이기 때문일 거다

파도

내어 주었던 모래밭 한편 네가 들락이는 것은
적심과 적셔짐의 왕복 운동이 아니었다

내 품었던 자갈을 섞고 부수는 물결
그 안으로 깔깔대는 술렁임이 어려 있고
조개껍데기, 가끔은 별 무리마저 서로 향해 밀어내
는 물때

밀려오는 것은 내가 바라보고 있었지만
나가는 것은 나만이 바라보고 있었다

마침내

철썩- 하는 시큰한 소리

너는 이 소리를 내기 위해 내게 들렸나 싶다

나는 이것을 파도라고 부르기로 했다

I wonder how we could be one

줄로 잠시 묶어 놓았던 것뿐인데
우리는 당연하게 하나라고 불렀다

줄이 낡아 마침내 풀렸을 때도
서로를 떼어 갔으니 하나라고 불렀다

이제는 다 게워내고 씻어내었지만
아슬히 스치는 형태로 머물 테니 하나라고 부를까

이제는 알겠지
우리는 하나가 아닌 적이 없었다

서로가 둘이 아니었기에

나 하나인 채로 하나
너 하나인 채로 하나

우리가 어떻게 하나가 될 수 있을까

자국의 이유

버스 맨 뒷자리 창문에
누가 휘적대듯 손자국을 찍어 놓았다

입김을 불고 소매를 당겨 닦아 내려다
잠시 손자국의 주인을 생각해 본다

그는 아마 돌아오는 길이었을 거다

텅 빈 버스 안, 습관처럼 맨 뒷자리로 걸어가 앉아서
말갛게 개인 유리창 너머로
누군가가 어려 있는 밖을 보았을 거다

그리고 그는 곧 바라보던 밖으로
아직 선명하게 그려진 밖으로
그가 내리게 됨을 알았을 거다

그래 이 자리에 앉는 다음 사람은
창 너머 내 모습

보이지도 않게 기억하고 갔으면

그는 그렇게
치덕 치덕
창을 얼룩으로 뒤덮은 채 떠났을 거다

버스가 멈췄다
나는 그새 자국이 번진 창을
다시금 몇 번 더 문질러 놓고 내렸다
목까지 여민 외투 틈으로 밤바람이 스민다

언젠가 네게 용서를 구한 적이 있었다
널 이해했을 때였다

얼마 전은 네게 이해를 구했다
너의 용서를 바라지 않았을 때였다

버스는 멀리 점처럼 희미해지고 있었다

갈대밭

마음 가운데 섞기 힘든 생각들
버리려 한다면 영영 흩어질 듯했기에
모두 이곳에 모아 두러 왔다

사라질 일 없게 주워갈 일 없게
바람 불어도 낙엽 하나 떨구지 않는 곳
갈대밭 사이 걸어 보는 길
밟히는 것은 오로지
두고 떠난 다른 이들의 자국뿐이었다

저를 한 조각 들어내어
여기 두고 가려고 합니다

저물어 가는 사방 속
마침 들리는 갈대 부딪히는 소리

젊은 날, 아픔을 품지 않은 고요함이 어디 있으랴

그 한마디의 소리를 울리고는,
갈대밭은 여전히 흔들리고 있었다

읽을 수 없는 글

마지막으로 너라고 적으며
또 한 번 지워내던 중이다

또박또박 적지 않았던 이유는
휘갈겨 쓰는 버릇을 탓하던 네가
나를 미워해서가 아니었던 것처럼
나도 그런 너를 더없이 사랑한 탓이다

수만 자루의 사랑을
몇 줄의 글에 눌러
제대로 읽히지도 않을 글로 남기는 일이
너에게만은 달랐으면 해서
나는 더 더 휘갈겨 쓰곤 했다

마침내 읽을 수 없는 글이 되어
끝내는 마음 졸이고 답답해진 네가
그 몇 줄의 글을 들고 돌아온다면
수만 자루의 사랑을
언제라도 읽어낼 내가 여기 있음을

마지막으로 휘갈긴 글을
또 다시 지워내던 중이다

정전

드득 드득 탁

백열등 소리를 입으로 굴려 본다
아니면 진짜 백열등이 내는 소리일지도

탁

눈앞은 다시금 어두워지고

드득 드득 탁

꾸물거리듯이 밝아 온다

그 잠시의 틈 사이로
삶이 명료한 스위치 하나였다면- 바라본다
어지럽게 일렁이는 나는
껐다가 켜지는 백열등이 끝내 아니었으니까

드득 드득 탁

나는 그 점멸의 몇천만분의 일 사이에 놓인

그런 애매한 내 모양새를 사랑했고

꺼지지도 켜지지도 못한 채 헤매었다

탁

잃어버린 것들이 떠오른다

나를 애써 제자리에 놓으려던, 가엾게도 잃어버린 것

나의 소중함에는 네가 없었다가

다시 있으려 하는 것 같기도 하다

깜빡깜빡

내가 필요한, 너에게는 필요 없는

깜빡깜빡

탁

2장

봄의 끝에서

모든 생이 그렇듯이
봄은 언제나 짧고
꽃은 늘 피어 있진 않는다
하지만 울지는 말아라

지는 것이 아름다운 일에
우리는 다른 이름을 새겨 왔으니

낙화
꽃은 지는 게 아니라
허공에 피는 일

각기 다른 발음으로
같은 청춘을 읽어 냄에도
늘 아쉬움이 남는 까닭은
그럼에도 못내 사랑해서

그래도 허공을 향해야지
또다시 피기 위해

불꽃놀이

젊은 날의 하루는
불을 태워야만 그 앞이 비추었다

쌓아 올린 장작이 없다면
아마 스스로에게 붙일 불씨

아름답기도 해야 하니
나는 불꽃놀이라 부르자

태워라
분명한 나의 삶 속에
내가 들어갈 틈이 없는 나날을

소리 내어라
꾹꾹 모아 둔 작은 비명을
온 세상이 듣기라도 하듯이

잠긴 꿈

일상은 종종
빛을 내며 여기 내린다
잠겨 있는 나를 잊은 듯이

잠든 수면 위로 끊임없이
반짝이는 파문이 인다

어찌 스며들려고
꿈에 깊숙이 잠긴
난 나오지 않을텐데

소년에게

어린 날의 회상은
부디 따스했던 순간들로만

그때의 내가
지금의 나여서는 안 되니까

달

형은 달에 갔다고 했다
영영 못 보는 게 아니라고 했다

어릴 적의 내가 되뇌던 말이다
죽음을 모르는 나이여서가 아닌
모르는 게 싫어서,
억지로 뜻을 짜 맞추던 아이의 기억

형 생각을 하면서 달을 올려다볼 때는
일부러라도 울거나 찡그리지도 않았다

만나러 가겠다 약속할 수 있는
형이 달에 갔다는 말을 좋아했다

언젠가 만나러 갈 수 있다는 꿈에 묶인 듯
시간은 새길 것처럼 느리게 지나갔다

어느새 지나는 시간을 세는 것보다
하나둘 나이를 먹는 게 빨라지는 날에 왔을 쯤에는
잃어버렸던 것들은 잊어버리는 것이 편했고
달에 살던 형도 그중 하나가 되어 있었다

형을 다시 떠올리게 된 것은
집 뒤편 길 어딘가에 드러누웠던 밤의 일이었다

꽤나 오른 취기가 도리어 삶을 건드려 대던 밤
버티는 힘조차 쥐고 있기 싫었기에
걷던 길바닥 한가운데 드러누워 버렸다
마주한 밤하늘엔 보름달이 떠 있었다

참으로 간만인 올려다보지 않는 밤하늘의 달
오랜만이라는 말은 온갖 기억들을 끌고 오기 마련
이다

기억은 달 아래 내 얼굴을 향해 쏟아져 내리고
그 빛이 어지러워 잠시 눈을 감았다

한참을 참다 눈을 뜨니
눈앞에는 형이 놓인 달만 덩그러니 남아 있었다

감히 잊고 살던 삶 속에서
아프고 괴롭고 지친 나를 쭉 보았다며
형이 아직도 달에 있었다

어떤 약속도 할 수 없을
고요히 내려다볼 수밖에 없을
달은 분명 여기보다 슬픈 곳일 거다

그럼 더 아프고 괴롭고 지쳤을 형은
저 달에서 지내면 안 되는 것이 아닌가

형이 달에 갔다는 말이 싫어졌다

싫어하기로 했다

그렇게 어떤 밤보다 형과 가까웠던 밤에서야

형은 비로소 달을 떠날 수 있었다

집시

하루는 길고
시간은 짧다

어디에 살아야 하나
어차피 고르는 것은 내가 아니지만

긴 하루, 짧은 시간
그 사이에 놓여 적응하는 일은
의식하며 숨 쉬는 것 정도의 성가심

문제는 없다. 찾으려 한다면
익숙해지는 게 서글플 뿐이겠지

그래서 어디에 살아야 하나
물음이 끝나지 않으니
열심히 살아야 한다더라

이제는 무지개에도 끝이 있다더라

닿는 일이 긴 꿈이지는 않다더라

미소와 끄덕거림이 동시에 삐걱 소리를 낸다

그럼에도 아직 여기,

주춤이며 쫓지 못하는 까닭은

움직이기에는 짧은 시간이 가기에

잠들기에는 긴 하루가 남았기 때문이어라

n월 n일의 아침

유난히 괴롭고 우울한 날은
이상하게도, 혹은 당연하게도
잠마저 쉽게 오지 않았다

하루를 보낸다는 것
그 질긴 수고를 잠시 놓아주는 일이
날짜가 바뀌는 것을 보아도
온몸에 붙은 바깥 냄새를 씻어 내어도
헛웃음이 지어질 만큼 실감이 나지 않았다

그렇게 새벽 내내 뒤척거렸다.
찾지 못할 수면욕과 몽롱한 짜증 사이를 오가면서

머리의 반으로 자고 싶다는 생각을 하며
우습게도 나는 언제 제일 자고 싶었는가를 떠올려
본다

아마도 어린 시절 언젠가의 새해였을 거다
엄마 따라간 어느 섬 등대 옆 대합실
해 뜨는 거 봐야지 하시는 목소리와
섬 아주머니들께서 끓이던 떡국 냄새가 선명하다

아직 어두운 바다 앞에서 눈을 비비며 해를 보고
전구가 깜박대는 대합실에서 떡국을 먹었다
그리고 돌아오는 차 안에서 스르르 잠이 들었다

행복을 빌고, 맛보고 난 후의
이 세상 가장 평화로웠던 그때의 잠

깍 깍 까악

까치 우는 소리에 기억하던 것을 멈췄다
창밖으로는 어느새 동이 트고 있었다

이제는 정말 잠이 들고 싶었기에
나는 침대에서 몸을 일으켜 창문으로 가 기대었다

빽빽이도 모인 건물 사이를 아침이 비집어 내는 중이었다

새해라도 되는 것처럼 눈을 감아 본다
보내기 쉬운 하루가 되게 해 주세요

떨어져 나가다

어떤지
관심은 없다

그러나

어땠는지
잊을 순 없다

그날
엄마는 차분했다
아니
그렇게 보이려 하셨다

나는 차분했다
아니
울었는지도 모른다

차는 이차선을 달리고 있었고
엄마와 나는
같은 방향 속에 멈춰 있었다

행복하자며

생일, 아픈 날

가장 기뻐야 할 날,
엄마와 나는 서로에게 아파했다

엄마는 내 생일이 되면
좋은 세상을 주지 못해 아파했고
나는 엄마의 생일이 되면
좋은 세상이 되지 못해 아파했다

생일 축하해
생일 축하드려요

서로를 전부라 말하면서도
엄마와 나는 아프다는 말을
서로가 모른다고 생각했다

헤엄치는 법

엄마 수영 배우고 있어
엄마는 헤엄치는 법을 배우고 싶어 하셨다
왜냐고 물어보니
살려면 배워야 한다고 배시시 웃으며 말하셨다
그게 뭐냐고 실없이 따라 웃었다

언제부터였는지
엄마는 온 세상이 바다셨단다

스무 살 아들 월세방 하나 못 구해서
몇 다리 건너 데면데면한 지인 집에 얹혀 놨을 때

내리는 눈발에 얼굴을 감추고
다 괜찮을 거라는 내 위로를 품에 안아
조수석이 텅 빈 차를 운전해 돌아갈 때

보일러 꺼진 집에 덩그러니 들어와 앉아
엄마가 되고 난생처음으로
그저 할머니 딸이라는 생각이 들었을 때

어디든 찰박찰박거리는 짠물이
어느새 엄마 마음 위까지 차올라 찰랑였댄다

아마도 엄마는 물에 머리를 푹 담근 채
끅끅대며 팔을 휘저었을 거다
지금은 울어도 안 보일 거라면서

그렇게 혼자 첨벙대는 세상 속에서
엄마는 헤엄치는 법을 배워야 했다
살려면, 아니
살아가려면 배워야 했다

갯바위

북풍이 분다
부딪혀 오는 것들의 기약 없음도
또 그것들을 다시금 밀어내는 버텨냄도
그 고된 생이 무겁게 휘청거리는
별이 세어지는 계절이 온다

하나둘 놓인 별을 머리에 이며

저 멀리 이국의 땅에 나를 두어 보렵니다
되지 않는다면
꺼먼 내 틈 아래 뿌리 하나를 내려 보렵니다
그 또한 되지 않는다면
그저 무겁게 가라앉고 싶습니다
헌데 이마저 되지 않음을
사실 저는 알고 있습니다

숨죽인 흐느낌 위, 이내 덮어오는 물결
남아야 하는 것의 마음으로 바람을 쓸어 보낸다

그렇게 보내고 보내는 것이 삶이라 한들
끝내 젖지 않는 삶은 또 어디 있으랴
장화 신은 무릎 위로 물살이 오르내릴 때
너는 내 위로 발 디뎌 견디어라

투박한 글자로 새긴 이 자리는
괜찮다
너를 위함이었다

간이역 둘

사내는 가만히 서 있을 뿐이었다

아마 때를 놓친 탓에
다음 차를 기다리고 있겠지

순간 사내는 플랫폼을 뛰어 내려가
성큼 철길을 건너
풀밭 너머로 휘적대며 사라졌다

기적 소리와 함께
사내가 보낸 기차가 들어온다
그의 궤도는 무엇이었나

나는 가만히 서 있을 뿐이었다

귀가

자정 무렵의 퇴근길을 걷는다
주머니를 더듬거려 이어폰을 꺼내 꽂고
따뜻한 말을 건네는 라디오를 찾아 듣는다

이 시간의 걸음을 떼는 일은
아마도 힘이 아닌 위로를 소비하는 듯하다

오늘 밤은 맑아서 별이 잘 보인다고 하네요

라디오는 집 앞 오르막길을 오를 때쯤 슬슬 끝이 난다
별을 본 적이 언제였을까 생각해 본다
툭 떨구고 있던 고개가 뻐근하게 당겨 온다

이 버릇은 내 탓이 아니다
가라앉은 희망 탓이다

희망에도 무게가 있다

떵떵거리며 살고, 이름을 날리겠다는 꿈들은

오히려 머리 위로 떠 있을 만큼 가볍다

하루를 버틸 벌이의 상승

제대로 해 나가고픈 아들 노릇

절실함이 덕지덕지 맺히고 매달린

현실과 맞닿아 있는 꿈들은 길을 무겁게 파고든다

그렇기에 절실한 희망은

마땅히 하늘이 아닌 두 발을 보고 품기 마련이다

집에 가야 하는 길을 아직 남았는데도

난 벌써 오늘분의 위로를 다 써 버린 모양이다

청취자 분께서 신청하신 노래 띄워드리면서

오늘도 이만 인사드리도록 할게요

현관 앞 비밀번호를 누르던 손을 멈추었다
끝나가는 라디오에서는
신청했던 노래가 거짓말처럼 흐르고 있었다

희망은 무엇일까
터지듯이 의문을 토해낸다

그와 동시에 드는
고개를 조이던 작은 나사 하나가 빠지는 느낌에
현관 앞에 푹 주저앉아 한참을 들썩대며 울었다

시간은 꽤나 지난 듯하기도 했고
아니면 방금 현관 앞에 도착한 것 같기도 했다

숨을 한번 크게 몰아쉬고 다시 길 위로 나선다
그리곤 아직 가시지 않는 목과
가슴의 들썩임을 털어낼 겸 하늘을 본다

채 남지 않은 별 몇 개가 저만치 거리를 두고 도시를 조명하고 있다
나는 어느 때보다 맑게 어두운 밤하늘 아래에서 더 이상 위로를 필요로 하지 않을 수 있었다

저 드문한 밤하늘은
고개를 숙인 채 밑을 바라보던 무수한 별들이
이제는 모두 그 자리를 벗어던졌기 때문이리라

나는 아직 남겨진 저 별들 중
가장 희미하고 작은 하나를 가지기로 했다

집으로 돌아갈 것이다

장마

야간작업의 끝은 평소보다 더한 술렁거림으로 찾아온다
사그라든다. 이럴 때 쓰는 거구나
불길이나 사람이나 식을 때는 같은 모양일 거다
마냥 태울 땐 몰랐던 호흡이 이렇게 절실할 수가
난 방수 페인트를 칠한 녹색 바닥에 뻗은 채 헉헉거렸다

막내야 비 온다 창문 닫아라

공장의 철창 밖으로 비가 퍼붓고 있었다
콘크리트 담벼락이 짙은 진회색 빛으로 물든 걸 보니
비는 아마도 꽤나 전부터 쏟아졌던 듯하다

막내 오늘 마지막인데, 담배나 한 대 피자

반장님을 따라가 입구 계단 밑에 쭈그려 앉고

붙여주시는 담뱃불을 조용히 건네받았다
입구 문턱으로 빗물이 바닥을 치고 튀어 올랐다

여 그만두고 이제 뭐 할라고

그냥요 뭐든 하려구요 글쎄요
머릿속 모든 대답이 영 시원찮았던 탓에
나는 씩 웃으며 고개를 숙였다
반장님도 그저 말없이 연기를 뱉을 뿐이었다

비 씨언하게 온다

어딜 향하는지는 모르겠지만
빙그레 미소를 짓고 있었기에
비 오는 게 좋으시냐 물었다

그냥, 끝이 맑잖아

튀는 빗물이 마음 한편에 매달림을 어렴풋이 느꼈다

장마는 오늘 밤부터 시작이라고 한다

입춘

겨울은
봄을 잊어가면
어느새

봄은
겨울을 기억할 때
비로소

입김과 꽃
서로 다르게 피어도

늘 붉어졌던 두 볼
이제 모두 잊지 않으리

제야의 종

시작을 부르며
끝이 운다

세상이 눈에 내린다
마치 흰 도화지 위로
길을 찢어 뿌리듯이

앞이 보이지 않아 헤맬 테지
허나 그래도 좋다
어디로든 가자
헤매는 것은 멈추는 것이 아니니까

종소리가 잦아든다
나는 멀어지고 있었나 보다

추신

Find me

이유가 없는 것은 없다
이유를 모를 뿐이다
몰라도 되기 때문이다

잎사귀, 자갈, 바람, 단 한 방울의 물
여기저기 길에 채이고 날리며
금방이라도 잊어도 괜찮다 싶은
그런 모습도 있었다

그럼에도 이유를 찾은 처음의 누군가는
아마도, 또 기적 같게도
잎사귀나 자갈을
바람이나 물 한 방울 따위의
그 초라한 모습을 사랑했기 때문일 거다

그렇기에 나는 너를
지금부터 이유 없이 사랑하려 한다